KB193560

내란본색

박 순 찬 의   장 도 리   카 툰 집

내란본색

비아북

풍자만화에 등장하는 정치인의 얼굴은 정치인 개인의 생김새가 아니라 각종 매체를 통해 공개되는 공적 활동을 묘사한 것이다. 따라서 정치인의 정치적 입장과 활동의 변화에 따라 만화 속에 등장하는 정치인의 얼굴도 그 묘사 방식이 달라진다.

박근혜 정부 시절 「장도리」 만화에는 대통령이 여성임에도 불구하고 억센 남성의 모습으로 등장하는 경우가 많았다. 박근혜 정권이 권위주의적이고 가부장적인 박정희 정권 시대를 답습하고 있다는 것을 나타낸 것이다. 안철수 의원이 '새 정치'를 표방하며 정계의 샛별처럼 떠올랐을 때, 그는 신선하고 미래지향적인 사고의 소유자로서 만화에 등장했다. 지금은 당시와는 다른 표정의 얼굴로 묘사되고 있다. 뚜렷한 정치철학을 바탕으로 시대정신을 읽기 위해 노력하는 정치인의 얼굴은 쉽게 변화하지 않는다. 그러나 단지 권력 쟁취와 유지를 목적으로 바람에 나뭇가지가 흔들리듯 정치적 입장을 바꾸는 정치인은 본모습이 어떤 것인지도 알 수 없게 얼굴이 바뀐다.

내란 우두머리가 된 윤석열은 적폐 청산에 앞장선 강직한 검사로 이름을 알렸던 인물이다. 그러나 대통령이 된 이후 자신이 칼날을 겨눴던 박근혜 정권의 인물들을 중용하고, 군사독재 시절의 사고방식을 펼치며 법을 수호하는 검사 출신이라는 것이 믿기지 않을 정도로 측근의 불법 행위에 관대한 모습을 보였다. 급기야 비상계엄을 선포하고 헌정 질서를 유린한 내란 수괴가 되어 심판을 앞둔 처지가 되었다.

이러한 윤석열의 행보는 오로지 권력욕에 의한 것이며, 소위 자유민주주의 같은 이념적 구분으로 판단할 만한 것이 아니다. 그는 검사로서 성공하기 위해 적폐 청산에 앞장섰고, 대통령이 되기 위해 보수 세력의 편에 선 것일 뿐이다. 그리고 끝내 제왕적 권력을 얻기 위해 시대착오적 망상에 빠진 군 세력과 함께 내란을 일으켰다.

윤석열의 얼굴은 권력 쟁취를 위해 상황에 따라 바뀌어왔다.

21세기 한국에서 '비상계엄'이란 단어가 대통령의 입에서 튀어나오는 비현실적 사건과 내란에 동조하는 세력들의 모습을 접하면서 한국의 현실을 다시 생각해본다. 내란 우두머리 윤석열의 얼굴을 통해 독재정권과 일제 강압 통치 시절을 그리워하는 한국 엘리트층의 본색을 발견할 수 있다. 비극적 현실을 바꾸기 위해선 현실을 부정하는 것이 아니라 현실을 면밀히 관찰하는 것에서 시작해야 한다. 한국 사회의 어둡고 추한 면을 들추어내 보여준 것이 윤석열에게 부여된 역사적 임무라면 임무라고 할 수 있을 것이다. 드러난 구시대의 잔재를 떨쳐내고 진정한 민주공화국을 건설하는 것은 시민의 몫이다.

2025년 2월

박 순찬

차례

작가의 말   004

장도리 연속극

최후의 격노   008
왕짜의 게임   014

장도리 만평

1장 **대파 총선**   043
2장 **거부의 시대**   115
3장 **계엄령**   205

특별 부록

내란의 부역자들   247

장도리 연속극 1

최후의 격노

2024. 12. 11.~2025. 2. 10.

나를 포함 무고한 사람들을
매달던 나무에 이제
그 자신이 매달려있구나
권력무상이고
인생무상이로다···

용산개고기!
까마귀밥이 된
소감이 어떠한가!

저자가 자폭버튼을
눌러주는 바람에
명태바이러스 사건이
쏙 들어갔네요

시끄러
인마

여기서
명태가
왜 나와?
내가 요즘
명태찜도
안 먹는거
몰라?

이게 무슨 꼴인가··
말 안듣는 것들 다
쓸어버리고
정은이 부럽지 않은
K-킹이 되어
세계 만방에 과시
할 수 있는 간편한
작전이었는데···

하지만 내가 누구냐··
조선제일의 위통수치기 달인이
아닌가···위통수 신공을 발휘해
반드시 재기할 것이다··

쎄란수고

다음화에
계속

다음화에 계속

골치 아프네··
대표가 옥새런
하다니··

당대표 하나
쫓아내기
쉽지 않네요··
용산대형이 준스톤님을
쫓아낼때처럼
잘 풀려야 할턴데
···

05

시끄러
얌마!

누가 들으면
내가
리틀 석여리
인줄 알겠다

한편 연희궁

기뻐하십시오
자택 소유권 이전소송이
각하되어
추징금 환수는 완전
나가리입니다~

만세

연희궁의
봄은
계속되는
구나

우리 리틀 전두광도
전두광 정신으로
계속 뻔뻔하게 버텨서
내란추종파들의
힘이 되어주시게
~

다음화에
계속

다음화에 계속

뭣이? 메가서울 드래곤이 벨벨대고 있다고?

김포 주민들도 시큰둥하고 여론조사결과가 영·· 좋지 않습니다

03

이거 용아빠 체면이 말이 아니게 됐군·· 대체 용산은 일을 어떻게 하길래 드래곤 하나 제대로 다루질 못하는 것인가?

MEGA SEOUL

한편 마을주점

마심중 ㅋㅋㅋ··

ㅋㅋㅋ··

간찰스! 조용히 해!

광

저 왕싸가지가··

결투다!

다음화에 계속

다음화에 계속

뭣이?
119:29?

최종PT에
K-필살기 강남스타일을
투입했는데도 그렇게
개박살이 났단
말이야?

도무지
이해가 되질
않습니다…
오징어게임
주인공도 등장
하는데…

07

도대체 어떻게
된거야? 잼버리는
K-팝 전사들 동원해서
성공했잖아?

그나저나 큰일났네
부산표 다 날아가게
생겼어…

신속한
대국민사과가
필요합니다

한편 노스랜드

뭐이 어드렇고 어드래?
우리 공화국이 명품뇌물
공작금을 남조선에
보냈다는게
무시기 소리야?

그기야 뭐…
남조선 정권이
다급할때마다
공화국을 갖다붙이는거
한두번이 아니잖습네까

신경쓰지
마십쇼

나도 명품선물 보내고 싶은
마음이야 굴뚝같지…

고맙지도 북남 대결국면으로
이끌어줘서 인민들의 사상무장과
통제가 한결 용이해지지 않는가
말이다…
K드라마다 뭐다 공치
아팠었는데…

다음화에 계속

021

웬 버스바퀴지?

아니 저것은!?

핵관장의 정예 92대 버스군단이 모조리 작살났잔아?!

나의 무적 버스부대도 용산왕짜 앞에선 무릎지물이다·· 마상중을 내꼴을 면 내가 당할줄은 꿈에도 몰랐는데 이렇게 될 줄이야··

명심해라·· 아무리 공신이라도 쓸모없어지면 밟아 버리는게 용산의 원칙이다

한편 강릉성앞 호수

그러게 왜 나대다가 용산 성질을 건드려·· 이렇땐 무조건 물밑에서 바짝 엎드려 있는 것이 상책이다··

다음화에 계속

09

한편 용산캐슬

재벌 3세도 내 앞에서 기는데·· 감히 의원 나부랭이가 날 거역해?

대표는 반납하는데요 지역구는 못 내놓겠습니다 배 째세요···

그래 어디 두고보자

다음화에 계속

하여튼‥ 기어코 특검법을 통과시키네‥

거부권을 쓰면 되는데 무슨 걱정이야~ 저놈들이 뭔 짓을 하든 내가 다 거부하면 돼

11

아니 지금 누구랑 말씀 중이십니까?

당분간 투명망토를 쓰기로 했어 답답하지만 알판맨들까지 나때문에 선거 진다고 난리를 치니 할 수 없지 뭐

오오‥

선거만 이기면 그동안 못찍은 사진 전부 이자쳐서 찍을 수 있으니 너무 섭려 말라구

아니 근데 넌 팬 관리한다고 조건부 특검 수용 어쩌구 드립을 날릴거야? 죽을래? 가뜩이나 요즘 스트레스때문에 뒷목이 다 뭉쳤는데 말이야

조건부라뇨‥악법은 무조건 거부해야죠~ 제가 꽃지지압으로 시원하게 풀어드리겠습니다~

한편, 이스트 아일랜드 쇼군 성

이거 가리비를 못 팔아 큰일인데‥ 옆나라까지 수입금지하면 어쩌죠?

하하하하‥ 걱정마라 용산 사전에 거부란 없다!

우리 요구엔 무조건 OK다!

다음화에 계속

아니? 우르르~

내가 신년사에서 패거리 카르텔 박살내겠다고 경고한지 며칠이나 지났다고

볼란듯이 패거리 지어 우르르 몰려다니는 간 큰 놈들이 있네·· 너희들 어디소속 이야?

13

패거리 카르텔이 아니고 저의 경호부대입니다

유비무환 아니겠습니까

아·· 한편로였어?

K방송사장 기업자문료 수수 김영란법 신고된 건 내 전직장에서 무혐의 처리됐어·· 아니, 처리됐 습니다

역시 권익위가 믿음직해 그리고 우리끼리 있을 땐 말씀 편하게 하세요 선배님

장악

K방송은 이제 걱정이 없는데, 문제는 M이란 말이지·· 이것을 아주 그냥 싹 날려버려야 하는데··

그 패거리들 내 전직장에서 김영란법으로 작업하 넘겼으니 장악은 시간문제야·· 아니, 입니다··

다음화에 계속

아니? 저 오렌지색은 내가 신당 차릴때 써먹던 컬러잖아?

NEW

매번 국딜을 퍼부으면서도 속으로는 나의 정치철학에 매력을 느낀 것인가?

하긴 나와 같은 천조국 꽁대 유한파가 아닌가!

한편 천조국 화이트하우스

사우스 코리아 법원이 M 봉충에 정정보도 판결을?

WORLD NEWS

리면

날리면

날리면

날

날

리면

NALLIMYUN

날

날리면

NAL

프레지던트, 연설문 검토 바랍니다

여기 이름을 잘못 썼군… 바이든이 아니라 날리면이야~ 날리면…

주치의! 어서 집무실로! 사우스 코리아 뉴스 때문에 VIP가 혼란에 빠진 것으로 보인다!

다음화에 계속

뭐가 어쩌고 어째? 마리 앙투아네트?

게다가 그런 놈을 국회로 보내겠다고? 아주 뒤집으려고 작정을 했구만?!!

15

근 신 중

지금 한가하게 밥이 넘어가? 그 관종쉬키가 우리 뒤통수를 제대로 때리고 있잖아!

걔가 그럴리가 없는데…

요즘 인기 좀 올랐다고 눈에 뵈는게 없어진거라구 너무 키워주더라니 내 이럴제 될 줄 알았어

잠시 후

이거 보시면 좀 누그러지실 겁니다

잘 찍고 있지?

어차피 킨여사는 지는 권력이고 뜨는 권력은 바로 이몸이시다!

어찌하겠는가 구 권력은 신권력의 제물이 될 수 밖에 없는 것을!!

다음화에 계속

아니?!

한비대가 마포에 꽂으려던 자객아?

운동권 킬러라며 엄청 띄워주던 인물인데... 당에 들어오자마자 나같은 꼴이 되었어!

17

분수를 알아야지... 감히 퀸여사의 심기를 건드렸으니... 용산이 나의 무선 버스군단을 개작살 내버린 걸 보고도 깨달음을 얻지 못한 것인가!

그자는 도대체 셀카 찍는 것 말고 제대로 하는 것이 무어란 말인가!! 당의 앞날이 걱정스럽도다!!

한편 용산마을커피숍

죄송하지만 들어오실 수가 없습니다

뭐라고요?

내가 서민층으로 보입니까?

이 슈트가 얼마짜린지 아세요?

그게아니라 영업시간이 끝났어요~

다음화에 계속

힘들어 죽겠네‥ 선거가 뭔지‥ 내가 합창까지 부를 줄 누가 알았겠냐고‥

전 연탄 나르고 왔습니다

개고생한만큼 성과가 있어야 할텐데‥ 출마자들이 걱정이 이만저만이 아닙니다 가방문제때문에 말이죠‥

컥

지이잉ㅡ

또 가방타령 이냐?

크흑‥ 잘..못했 습니다‥

난 선거때문에 위장그림을 처바르고 은폐 중이다!!

고작 연탄 검댕 좀 찍어바르걸로 큰소리인가!

다음화에 계속

아니, 이럴수가!

물갈이 한다더니 죄다 고인물들이잖아?!

출마

합격

크흑! 결국 나의 불출마를 양머리로 내걸고 개고기를 파는 거였나‥

그야말로 양두구육의 달인이라고 할수밖에 없구나!!

요즘 분위기 아주 좋아~ 얼마전까지만해도 명품백이다 뭐다 아주 죽을 맛이었는데 말이지

제 코딱지공격 보셨습니까? 저쪽이 아주 맥을 못 추더라 구요~

코딱지같은 소리하고 앉아있네‥ 이게 다 내가 방송 때려잡고 지역 퍼주기 퉁어내고 의사들 공격한 덕이잖아‥ 마리앙투아네트 어쩌구 한 놈을 출마시키 겠다고 내부총질한건 잊지않고 있다‥

선거이후가 기다려지는구나

차기권력의 시대가 온다!

다음화에 계속

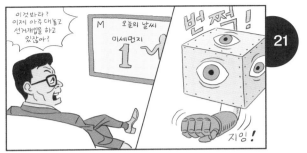

이것봐라? 이제 아주 대놓고 선거개입을 하고 있잖아?

M 오늘의 날씨 미세먼지 1

번쩍!

21

지잉!

대놓고 선거개입 금지어 확인‼ 입틀막 윈드 발사!

대놓고 선거개입 하는 것까지 틈잡을 잡아서 내부총질이냐?

푸흑‥

입

그게아니라 M봉춘이 노골적으로 기호 1번을 광고하고 있다는 겁니다‥

M 오늘의 미세먼지 1

뭐야? 아니 저쉬키들 매를 덜 맞았나 보네

GTX 연장 광역철도 도시

한편 마삼중 뉴텐트 인근 식당

교통사고 났었다면서?

말도 마 4중 추돌이었다구~

빠직

다음화에 계속

멸콩신전의 새벽화가 꽤 인기를 끈다지?

알팡맨을 비롯해 K방송 등이 대대적인 홍보를하고있고 단체관람이 이어지고 있습니다

오··역시 멸콩신의 위업이 잘 나타나 있군

FATHER
OF MYEOLKONG

수많은 빨갱이를 저세상으로 보낸 자유사우스코리아의 영웅!

선거에서 가장중요한건 신앙심이 아니겠습니까? 이렇게 멸콩신을 중심으로 표를 결집시키는데다가 정부와 방송이 총력전을 펼치는데 질 수가 없는 게임이죠

그래도 지면 어쩌지?

그땐 모든게 용산탓이 되는거지··

여사 앙투아네트 문제를 해결못한 최등 모든걸 용산에 뒤집어 씌우고 난 내 살길을 찾아가면 되는 것이다··

다음화에계속

작전명 `미션윤파서블`
오스트레일리아 도주작전
성공했다는 보고입니다!

좋아, 이제 좀 안심하고
밥 먹을 수 있겠군.
선거 얼마 안 남았어,
일처리 또바로들 해,
자꾸 격노하게 만들지
말고

응?

누구더라 ..?
아는 사람 같은데··

관계자 외
출입금지

뭐? 아직도 밥을 먹고 있는 중이라고?
1분 1초가 아까운 시기인거 몰라?
선거 망쳐서 내가 이 꼴로 계속
숨어 살아야겠어?

식사 마저
안 하십니까?

지금 밥이 문제야?
다음 민생토론회 투어지역이
어디지?

서울대전
대구부산 적고
다음은··

다음화에 계속

파김치가 아주 잘 담가졌네~ 먹어봐

그놈의 파 얘기는 꺼내지도 마십쇼 아주 넌덜머리가 납니다!

아니 먹기 싫으면 안먹으면 되지 왜 성질을 내고 난리야?

그리고 뭐? 정부는 부족한데 본인은 책임이 없어? 법무장관은 전정권이 시켜준거냐?

YONGSA 날 라면

제가 생각이 짧았습니다 전부 제 책임입니다

탈당요구가 나오질 않나… 당이 아주 개판이던데 조심들 하라그래 나 아직 안죽었어

한편 멸콩팰리스

왕자님…아니 주상전하… 회사가 갈수록 죽을 쑤고 있는데 어떻게 하죠?

뭘 어떻게 해 책임져야지 직원들이…

대대적 으로 희망퇴직 시켜

다음화에계속

040

플러스 1선 중진이 되신 것을 감축드립니다!!

플1중 만만세

인고의 세월 이었다‥

양머리 내걸고 개고기 판 대가치곤 너무나 가혹한 것 이었어

27

저 비참한 몰골을 보라, 배은망덕의 말로는 저런 것이다. 인과응보가 아니겠는가

셀카밖에 찍을줄 모르는 놈을 믿은 내가 잘못이지‥ 내가 민생투어 개고생해서 다 이겨논 게임을 이런식으로 말아먹어?

내가 아무리 국정운영을 올바르게 하면 뭐하나? 국민들한테 전달을 못해 주는데

국정운영같은 소리 하고 앉아있네‥ 그나마 탄핵저지선도 내덕에 지킨 줄 아시오‥

내가 돌아올 때까지 남은 목숨이나 잘 부지하고 계시오‥

장도리 연속극시리즈 4탄 〈왕짜의 게임〉 끝

1장

대파 총선

강서구청장 보궐선거에서 여당이 참패한 이후 벌어지고 있는
안철수 의원과 이준석 전 대표의 싸움이
구경거리가 되고 있다.
안철수 의원이 강서구 지원 유세 중
"XX하고 자빠졌죠"라고 발언한 것에 대해
이준석 전 대표가 선거 패배의 책임을 묻는 것을 시작으로
두 사람 간에 설전이 오간 것이다.
안 의원이 발언을 해명하며
"내부 총질로 연명하며 청년에게 아무런 귀감이 되지 않는
이준석은 이제 제명돼야 한다"라고 하자 이 전 대표는
"말도 안 되는 내용을 길게 쓰고 자빠졌죠?"라고 대응하고,
안 의원은 다시 이 전 대표를 분탕질 치는 응석받이이자
자기 선거는 예측하지 못해 세 차례 낙선한
'마이너스 3선'이라고 비난하고 있다.
선거에서 자빠진 이유를 모르면 계속 자빠질 수밖에 없다.

2023. 10. 17.

2023. 10. 16.

2023. 10. 23.

보도전문채널 YTN의 공기업 지분이
인수가격 3,199억 원을 제시한 유진그룹으로 낙찰됐다.
이로써 공영적 소유 구조를 유지해왔던 YTN이
26년 만에 민간 자본에 넘어가게 됐다.
유진그룹 유경선 회장은 과거 검사들에게
내사 무마를 대가로 뇌물을 준 혐의로
대법원에서 유죄 판결을 받았고,
유진그룹 계열사 유진투자증권은
임원 주가조작 의혹이 불거진 바 있다.
KBS의 새 사장 자리엔 윤석열 대통령의 지인이자
이동관 방송통신위원장의 대학 과 후배인
박민 전『문화일보』논설위원의 임명이 추진되는 중이다.
검찰 정권의 언론 장악이 본격화되고 있다.

2023. 10. 24.

윤석열 대통령이 이태원 참사 1주기를 맞아 열리는
시민 추모대회에 참석하지 않기로 했다는 소식이다.
야 4당의 주최 행사로 진행되므로 추모식이 아니라
정치 집회 성격을 띠기 때문이라는 것이
대통령실의 설명이다.
반면 윤 대통령은 현직 대통령으로선 처음으로
박정희 전 대통령 추도 행사에 참석해
박근혜 전 대통령과 악수하고 함께 묘소 참배를 했다.
어느 쪽이 정치적 참석인지는
토리도 알고 있을 것이다.

2023. 10. 27.

국민의힘 혁신위원회가
이준석 전 대표와 홍준표 대구시장 등에 대한
징계를 푸는 대사면을 추진한다.
이에 대해 이 전 대표는 "'제발 사면 받아줘'는 그만하라.
좀스럽고 민망하다"라는 반응을,
홍 시장은 "대통령이나 하는 사면 운운하며 주접떤다"라는
반응을 보이며 불쾌함을 드러냈다.
박정하 수석대변인은 "홍 시장이 주말 내내
글을 굉장히 많이 올렸는데, 일부 댓글을 보니
'홍카콜라인 줄 알았더니 쉰카콜라구나'라는 글이 있었다"라며
사면 추진에 반발하는 홍 시장을 공격하고 나섰다.
또한 이 전 대표는 한 라디오 인터뷰에서
윤 대통령을 만날 의사가 있느냐는 질문에
"아예 안 만나는 게 상책"이라면서
"그런 식으로 뒤통수를 치는 사람들을 만나면
무슨 뒤통수를 칠지 모른다"라고 말했다.
양 머리를 걸어놓고 개고기를 팔았던 사람에게
양두구육 작전이 먹힐 리가 없다.

2023. 10. 31.

2023. 11. 2.

2023. 11. 6.

이준석 국민의힘 전 대표가 언론을 통해
신당 창당에 대한 의지를 과시하고 있어
용산과 여당이 골머리를 앓는 중이다. 이 전 대표는
"신당 창당 관련 카운트다운이 들어가고 있으며
행동 날짜도 정해져 있다"라며
"유일한 변수는 윤석열 대통령의 실정이고,
한심한 상황이 개선되지 않으면 행동하겠다는 날짜는
이미 정해놓았다"라고 밝혔다.
인요한 위원장은 이 전 대표를 달래기 위한 노력을 이어가면서
"당 지도부 및 중진, 대통령과 가까이 지내는 의원들은
총선 불출마를 선언하거나 아니면 수도권 지역
어려운 곳에 와서 출마할 것을 강력히 요구한다"라고 밝혔다.
그러나 이에 대해 권성동, 장제원 의원 등 소위 윤핵관들은
아무런 반응을 보이지 않고 있다. 이준석 전 대표가
그의 정치적 원수들에 대한 복수에 성공하고 당에 귀환할지,
아니면 결국 신당을 창당해 혼돈의 소용돌이를 일으킬지,
주목을 받고 있다.

2023. 11. 7.

윤석열 대통령이 박민 KBS 사장의 임명을 재가하자마자
방송국에 태풍이 몰아치고 있다.
시사 토크쇼「더라이브」가 편성에서 빠지고,
라디오 시사 프로그램「주진우 라이브」의 진행자
주진우 씨가 전격 퇴출됐다.
보도본부에서는「뉴스 9」를 진행해온
이소정 앵커와 최경영 기자 사직 후
「최강시사」를 맡아온 후임 진행자가 교체 통보를 받는 등
주요 뉴스 프로그램 앵커들이 대거 교체됐다.
박민 사장은 이동관 방통위원장의
절친한 대학 과 후배로 알려져 있다.
MB맨 이동관 위원장이 과거에 모셨던 주군을 위한
한풀이에 나서고 있다.

2023. 11. 14.

국민의힘 혁신위에서 중진들의 용퇴론이 나오는 가운데
장제원 의원은 관광버스 92대 규모의 지지자 그룹을 과시하며
혁신위의 요구를 묵살하고 나서는 등
용산과 윤핵관의 갈등이 감지되고 있다.
게다가 한동훈 장관의 출마설까지 나오면서
기존의 윤핵관들이 토사구팽당하고
새로운 친윤그룹이 당을 장악할 것이라는 전망까지
나오고 있다.
배신과 뒤통수가 난무하는 곳에서
권력을 향한 몸부림이 처절하다.

2023. 11. 21.

신군부의 12·12 쿠데타 사건을 소재로 한 영화
「서울의 봄」이 흥행가도를 달리고 있다.
1979년 박정희 독재정권이 종말을 고하고
민주화의 기대가 부풀어 올랐던 서울의 봄은
전두환의 쿠데타로 시들어버렸다.
다시 혹독한 군사독재의 겨울을 맞이했지만
많은 푸들에게는 따뜻한 봄이었다.

2023. 11. 28.

'대한민국 1호 영업사원'을 자처한 윤석열 대통령이
취임 1년 반 만에 16차례 해외 순방에 나서
역대 대통령 중 1위 기록을 달성했다.
외교 순방비가 부족하다는 이유로
예비비에서 320억 원을 끌어다 쓰기도 했다.
한일 관계 복원과 한미일 공조 체제 구축을 공고히 하고
부산 엑스포 유치를 위한 것이라는 등의 명분을 앞세웠으나
사우디아라비아 리야드에 119표:29표의
대참패라는 성적표를 받고 엑스포 유치의 꿈은
저 멀리 날려 보내고 말았다.
바이든 날리면을 시작으로 많은 것이 날아가고 있다.

2023. 12. 1.

2023. 11. 30.

2023. 12. 7.

윤석열 대통령이 이재용 삼성전자 회장 등 재벌 총수들과 함께
부산 국제시장을 찾아 떡볶이 먹방을 보였다.
총선을 앞두고 부산 엑스포 유치 실패로 인한
부산 민심의 이반을 우려한 것이다.
다음 날 대법원은 하청 업체 비정규직 노동자
고 김용균 씨의 사망 사건과 관련해
원청 업체인 한국서부발전 법인과 대표의 무죄를 확정했다.
오늘도 권력의 비호 아래 하청 노동자들의 피와 땀이
원청 재벌의 금고로 빨려 들어가고 있다.

2023. 12. 8.

벨트는 잘도 도네~ 돌아가네~

중진 의원의 험지 출마 및 지역구 포기 요구가 나오고 있는
국민의힘에서 장제원 의원이 총선 불출마를 선언한 직후
김기현 대표가 대표직 사퇴를 발표했다.
김 대표는 대표직은 사퇴했지만
대통령실로부터의 지역구 포기 제안을 거부해
윤 대통령이 격노한 것으로 알려졌다.
써먹을 만큼 써먹은 구 윤핵관들이 정리되면서
그 지역구들을 대통령 주변의 찐핵관들이 노리고 있다.
쇄신이라는 양 머리를 내걸고
다시 양두구육 장사를 벌일 참이다.

2023. 12. 15.

찐핵관이 온다. 길을 비켜라

국민의힘이 비상대책위원회 체제로 돌입하고
한동훈 법무부 장관을 비상대책위원장으로 추대했다.
이준석이 퇴출되고 후임으로 선출된
바지사장 김기현 전 대표 역시 강제로 쫓겨난 후
본격 찐윤의 당 접수가 이뤄진 것이다.
용산의 직할 체제로 총선을 치르고
한동훈 위원장을 차기 주자로 키우겠다는
용산의 야심이 실현될지 지켜볼 일이다.

2023. 12. 22.

김건희 여사의 도이치모터스 주가조작 및
대장동 개발사업 '50억 클럽' 사건을 수사할
특별검사 임명을 위한 법안 2건,
일명 '쌍특검' 법안이 국회를 통과했다.
윤석열 대통령은 즉각 거부권을 행사할 방침이라고 밝혔다.
한동훈 비대위원장을 앞세운 용산이
거부권을 뒤집어쓰고 총선을 향해 돌격 중이다.

2023. 12. 29.

수해 실종자 수색 중 사망한 해병대 채 상병 추모식을
준비하던 정원철 해병대예비역전국연대 집행위원장이
대전현충원을 참배하고 가는 한동훈 위원장에게
채 상병 참배를 요구했으나 묵살당한 일이 벌어졌다.
정 위원장은 "한동훈 위원장님, 오늘 채 해병의 생일입니다!
참배하고 가주십시오!"라고 외쳤으나
한동훈 위원장은 걸어가면서 정 위원장 쪽으로는
시선을 주지 않았다.
정 위원장은 "소리치면 들릴 수 있을 만큼 가까운 거리라
'채 상병 생일이니 참배해달라'는 말을
한동훈 위원장이 들었을 텐데, 눈길도 주지 않고 외면해
분하고 가슴이 너무 아팠다"라고 말했다.
셀카 부탁은 잘 들어주는 것으로 유명한 한 위원장이
한 시민의 간절한 외침은 철저히 모른 척한다.
그가 말하는 동료시민의 기준에 들지 않으면
아예 개무시를 당할 각오를 해야 할 것이다.

2024. 1. 5.

비동료시민의 말은 안 들립니다~

2024. 1. 4.

2024. 1. 8.

‘10·29 이태원 참사 피해자 권리 보장과 진상규명 및
재발 방지를 위한 특별법’이 국회에서 통과됐다.
이에 대해 한동훈 국민의힘 비대위원장은
"야당이 주도하는 조사위원회가 1년 반 동안 조사를 한다면
국론이 분열될 것"이라고 말했다.
또한 윤석열 대통령은 거부권을 행사할 방침으로 알려져
진상규명을 바라는 유가족들과 시민들이 분노하고 있다.
이태원 참사의 상처는 아물지 못하고 깊어져만 간다.

2024. 1. 12.

한동훈 국민의힘 비대위원장이
김건희 여사의 디올백 수수 사건과 관련해
"국민들께서 걱정하실 만한 부분이 있었다"라고
김건희 여사의 잘못을 인정하는 발언을 한 이후
대통령실로부터 비대위원장 사퇴 요구를 받는 사태가
벌어졌다.
이에 대해 한 위원장은 즉각
"국민 보고 나선 길, 할 일 하겠다"라며
사퇴 요구를 일축해 오랜 검찰 선후배 사이인 대통령과
한 위원장이 충돌하는 모양새다.
용산의 역린을 건드린 한 위원장의 앞날이 어찌 될지
관심을 불러일으키는 21세기 왕조 드라마가 펼쳐지는 중이다.

2024. 1. 23.

총선이 얼마 남지 않은 시점에서
윤석열 대통령이 사전 녹화로 KBS와 새해 대담을 가졌지만,
대통령의 입장을 일방적으로 홍보하는 무대였다는 평가다.
김건희 여사의 명품백 수수 사건에 대해서는 사과 발언 없이
"매정하게 끊지 못한 것이 문제라면 문제고,
좀 아쉽지 않았나 생각된다"라고 말하고,
사회자는 조그만 파우치라는 표현으로
사건을 축소하려는 의도가 드러나
방송을 본 시민들의 불만이 터져 나오는 형편이다.
게다가 공교롭게도 KBS는 2월부터 시행한다던
수신료 분리 징수를 갑자기 유예한다고 밝혀
이번 새해 대담과 관련이 있지 않느냐는 의혹만 커지고 있다.
이어지는 실정과 의혹은 모른 척하고
공영방송을 장악해 총선을 치르려 하는 용산의 의도는
국민들의 분노만 일으킬 뿐이다.

2024. 2. 9.

용산 스트레인지
대혼돈의 선거버스

윤석열 대통령이 대통령실 합창단 '따뜻한 손' 단원들과
합창을 부르며 설 인사를 했다.
명품백 수수 사건으로 논란에 휩싸인 김건희 여사가
활동을 중단하면서 대통령 내외의 설 인사 대신
합창을 부른 것으로 보인다.
윤 대통령은 가수 변진섭의 노래
「우리의 사랑이 필요한 거죠」를 합창단과 함께 부르며
"저와 대통령실 직원 모두 국민 한 분, 한 분의 삶을
따뜻하게 살피겠다"라고 밝혔다.
국민들은 '따뜻한 손'이
국정농단범이나 소수 상위 계층이 아닌
다수 노동자, 서민과 죄 없이 희생된 시민들에게 향하기를
바라고 있다.

2024. 2. 13.

KBS에서 4월 18일에 방송하기로 했던
세월호 10주기 다큐멘터리가
예정대로 방송을 못 할 것이라는 소식이다.
KBS 제작1본부장이 '총선에 영향을 줄 수 있으니
6월 이후 다른 재난과 엮어 시리즈로 만들라'고
지시했다고 한다.
입틀막 경호대에 지지 않으려는
방송 경호대의 충성 경쟁이 눈물겹다.

2024. 2. 20.

방틀막 경호

국민의힘은 그동안 쇄신과 혁신을 강조하며
인적 교체를 예고했으나 총선을 앞두고
물갈이 움직임은 보이지 않는다.
불출마를 선언한 장제원 의원을 제외한 친윤 핵심
권성동, 윤한홍, 이철규 의원이 모두 단수공천을 받았고,
돈봉투 논란이 있는 정우택 의원,
피감 기관 공사 특혜 수주 의혹으로 탈당한 전력이 있는
박덕흠 의원, 불법 후원금을 모집한 혐의로 기소되어
의원직을 상실했던 김선교 전 의원 등
부패 혐의 정치인들이 모두 총선에 출마하게 됐다.
쌍특검법 재표결을 앞두고
의원들의 이탈표 방지를 위한 것으로 보인다.
당내에서도 "결국은 김건희 여사 방탄용 공천이다.
김건희 여사가 여당 의원들을 다 살려줬다"라는 말이
나오고 있다.

2024. 2. 27.

윤석열 대통령이 거부권을 행사하여 재표결에 들어갔던
김건희 특검법과 대장동 50억 특검법,
일명 쌍특검 법안이 부결됐다.
국민의힘 의원 수는 110명이었고,
김건희 특검법 반대표는 109표로 집계됐다.
대대적 혁신을 예고했던 여당이 현역 의원을
대거 공천함으로써 이탈표를 막고
총단결로 특검법 저지에 성공한 것으로 보인다.

2024. 3. 1.

4선의 중진 의원인 김영주 국회부의장이
민주당의 하위 20퍼센트 평가에 반발하여 탈당한 지 2주 만에
국민의힘에 입당했다.
김 부의장은 국민의힘 소속으로
5선에 도전하겠다는 의지를 드러내고
한동훈 비대위원장은 "합리성을 기준으로 삼아온 큰 정치인"
이라며 칭송을 아끼지 않고 있지만,
기득권을 놓지 않기 위해 버스 갈아타듯
당을 바꾸는 정치인의 모습이
유권자들의 눈에 어떻게 비칠지 궁금하다.

2024. 3. 5.

2024. 3. 4.

2024. 3. 7.

총선을 앞두고 윤석열 대통령이
전국을 돌며 민생토론회를 이어가고 있다.
그린벨트 해제, 인천국제공항 배후에 첨단복합항공단지 조성,
국가장학금 확대, GTX 사업 본격 추진 등
지역 지원 약속들을 쏟아내는 중이다.
재원 대책도 없이 허무맹랑한 공약을 남발하는
관권 부정선거 중단을 촉구하는 목소리가 높지만
대통령실과 여당은 민생을 챙기는 것일 뿐이라며
계속 강행할 태세다.

2024. 3. 8.

해병대 채 상병 사건 수사 외압 의혹의 핵심 피의자
이종섭 전 국방부 장관이 호주로 출국하는 데 성공했다.
직권남용 혐의로 고위공직자범죄수사처에 고발되고
출국 금지된 이 전 장관을 윤석열 대통령이
호주 대사로 임명한 지 6일 만이다.
신범철 전 국방부 차관, 임종득 전 국가안보실 2차장 등
의혹에 연루된 다른 핵심 관계자들 역시
국민의힘에서 총선 후보 공천을 받는 등 승승장구하고 있다.
반면 채 상병 순직 사건을 수사했던 박정훈 전 수사단장은
수사 기록을 경찰에 이첩하지 말라는 상관의 지시를
불이행한 것과 관련해서 항명 혐의로 기소돼
군사법원 재판을 받고 있으며 모든 보직에서 해임돼
가시밭길을 걷는 중이다.

2024. 3. 12.

호주
대사

공천

말만 잘 들으면
보상이 있을텐데
왜 화를
자초하나?

채상병사건
수사외압의혹
전 국방부 차관

공천

외압의혹
전국가안보실
2차장

항명죄
전 수사단장

춘2024. 3. 12

잡아야
돼‥

101

총선이 다가올수록
수도권을 중심으로 국민의힘의 지지율이 하락하면서
위기감을 느낀 한동훈 비대위원장은
이종섭 주호주 대사의 귀국과 '회칼 테러 발언'을 한
황상무 대통령실 시민사회수석의 사퇴를 촉구했다.
그러나 대통령실은 이러한 요구를 무시하고
도리어 당에 대한 불만을 내비치고 있어
또다시 한-윤 갈등의 조짐이 보이고 있다.
여당의 출마자들은 이러다 총선에서 용산 리스크에 깔린
오징어 신세가 되지 않을까 걱정이 될 것이다.

2024. 3. 19.

윤석열 대통령이 마트를 방문해
"대파 한 단에 875원이면 합리적인 가격 같다"라고 발언,
걸핏하면 민생을 거론하는 대통령이
현실 물가에 얼마나 무지한지 드러나
고물가에 지친 서민들이 탄식하고 있다.
총선을 앞두고 여당이 이른바 '대파 사건'을 수습하느라
안간힘을 쓰고 있는 가운데 국민의힘 이수정 후보는
한 텔레비전 프로그램에서 "875원 그거는
한 뿌리 얘기하는 것"이라며 방어에 나섰다.
그러나 이 후보가 제시한 대파 가격은 더욱 비현실적이라
불난 민심에 오히려 기름을 붓는 꼴이 되었다.

2024. 3. 26.

2024. 3. 25.

2024. 4. 1.

선거방송심의위원회가 MBC「뉴스데스크」방송에 대해
관계자 징계를 의결했다.
「뉴스데스크」가 일기예보에서
초미세먼지 농도 $1\mu g/m^3$를 그래픽으로 강조한 것이
민주당 기호를 연상시킨다며 문제 삼은 것이다.
한편 YTN의 김백 신임 사장은
김건희 여사와 관련된 대선 보도 등이 불공정했다면서
대국민 사과문을 발표했다.
그러나 방송을 장악해서 여론을 장악하는 시대는 흘러갔고,
여당은 총선에서 받을 심판을 두려워하고 있는 중이다.

2024. 4. 5.

제22대 총선에서 더불어민주당을 비롯한 야권이
192석을 획득하여 여당을 크게 앞선 결과가 나왔다.
한동훈 국민의힘 비대위원장이 비대위원장직에서 사퇴하는 등
정부 여당에서는 선거 참패로 인한 책임자들의 사퇴가
이뤄지고 있다.
정권 심판론을 내세우며 선거에서 승리한
민주당과 조국혁신당은 검찰 개혁을 강조하고 있고
검찰 내부에는 불안이 확산되고 있다.
또한 윤석열 정권의 방송 장악과 권력에 휘둘리는
언론의 행태를 지켜본 시민들은 언론 개혁의 필요성을
다시 한번 절감하고 있는 중이다.

2024. 4. 12.

윤석열 대통령이 총선 참패 뒤 6일 만에 입장을 밝혔으나
민심을 등 돌리게 한 국정 운영에 대한
사과와 반성은 없었다. 오히려 윤 대통령은
"올바른 국정의 방향을 잡고 실천하기 위해 최선을 다했음에도
국민께서 체감할 만큼의 변화를 만드는 데는 모자랐다"라며
윤석열 정부 식 노동·교육·연금·의료 개혁을
"계속 추진하겠다"라고 예고했다.
정권 심판으로 나타난 이번 총선의 결과를 외면하면
더 뜨거운 민심의 분노를 맛보게 될 것이다.

2024. 4. 19.

2장

거부의 시대

국민의힘이 총선에서 참패하고
이관섭 대통령 비서실장이 사의를 표명한 지 11일 만에
윤석열 대통령은 신임 비서실장에
정진석 국민의힘 의원을 임명했다.
윤 대통령은 용산 대통령실에서 직접 브리핑을 열고
"비서실장으로서 용산 참모진뿐만이 아니라
내각·당·야당·언론·시민사회 등 모든 부분에
원만한 소통을 하면서 직무를 아주 잘 수행해주실 거라
기대하고 있다"라고 말했다. 친윤계인 정 실장은
'고 노무현 전 대통령의 죽음이 부부 싸움에서 비롯됐다'는
허위 사실을 유포해 명예훼손 혐의로
1심에서 징역 6개월을 선고받고 항소심을 진행 중이며
"조선은 일본의 침략 때문에 망한 것이 아니다"라는
SNS 글로 파문을 일으킨 바 있다.
과연 누구와 어떤 소통을 기대한다는 것인지 모를 일이다.

2024. 4. 23.

윤석열 대통령과 이재명 더불어민주당 대표가
용산 대통령 집무실에서 회담을 가졌다.
정부 출범 720일 만에
대통령과 제1야당 대표의 회담이 이뤄진 것이다.
이 대표는 A4 용지 총 10장에 달하는 자료를 준비해서
의제를 전달하고, 민생 회복 지원금과 전세 사기 특별법,
이태원 특별법, 채 상병 특검 등 정치 현안에 대한
입장 변화를 요구했다.
이 대표는 지금까지 여러 차례 윤 대통령에
영수 회담을 제안했지만, 대통령실은 피의자 신분인
이 대표와 일대일 회담을 하는 것은 적절치 않다며
부정적인 입장을 보여왔다.
그러나 여당이 총선에서 참패를 당하고
윤 대통령은 야당의 요구를 받아들일 수밖에 없게 된 것이다.
기세등등하던 검찰 정권도 민심의 심판을 받고
저물어가는 중이다.

2024. 4. 30.

2024. 5. 2.

2024. 5. 6.

이태원 참사 특별법이 여야의 합의로 처리된 뒤
해병대 채 상병 사망 사건 수사 외압 의혹 특검법이
더불어민주당 주도로 국회 본회의를 통과했다.
국민의힘 윤재옥 원내대표는 채 상병 특검법에 대해
윤석열 대통령에게 거부권 행사를 건의하겠다고 밝혔으며,
대통령실은 "채 상병의 안타까운 죽음을 이용해
정치적인 목적으로 악용하려는 나쁜 정치"라고 비난했다.
윤석열 대통령은 여당의 총선 참패 이후
이재명 민주당 대표와의 회담을 갖는 등
총선 민의를 수용하는 액션을 취하는 듯했으나
결국 과거와 다르지 않은 모습을 드러내 보이고 있다.

2024. 5. 3.

윤석열 대통령이 631일 만에 기자회견을 열었으나
"윤석열이 윤석열 했다"라는 반응이 나오고 있다.
총선 참패 이후 더욱 강해진 국정 기조 전환 요구에 대해선
일관성을 유지하겠다는 뜻을 밝히고
김건희 특검과 채 상병 특검에 대해 거부 의사를 밝히는 등
기존의 입장을 재확인하는 데 그친 시간이었다.
독선적 국정에 대한 민심의 분노는 더욱 커지고 있다.

2024. 5. 10.

이원석 검찰총장이 김건희 여사의 명품백 수수 사건
전담 수사팀 구성과 신속·엄정 수사를 지시한 이후
김 여사 관련 수사를 지휘하는 서울중앙지검 지휘부가
모두 전격 교체됐다.
신임 서울중앙지검장에는
윤 대통령의 측근인 이창수 전주지검장이 임명됐다.
윤 대통령은 취임 2주년 기자회견에서
김 여사의 수사에 대해 "공정하고 엄정하게
잘할 것이라고 생각한다"라고 말했지만,
엄정 수사를 강조한 검찰총장의 뒤통수를 치는 인사가
단행된 것이다.

2024. 5. 14.

윤석열 대통령이 정호성 전 청와대 부속비서관을
대통령실 시민사회수석실 3비서관으로 임명했다.
정 전 비서관은 박근혜 전 대통령의 최측근으로
'문고리 3인방' 중 한 명으로 꼽혔던 인물인데,
윤 대통령이 검찰 시절 국정농단 수사를 하며
청와대 기밀 문건 유출 혐의로 구속했지만,
윤 대통령 당선 직후 사면, 복권됐다.
윤 대통령은 과거의 자신에게까지 거부권을 날리는 중이다.

2024. 5. 24.

홍준표 대구시장이 연일 용산의 변호에 앞장서고 있다.

김건희 여사 수사의 방탄용이라고 비판받고 있는

검찰 간부 물갈이 인사를 상남자의 도리라고 주장한 데 이어,

채 해병 특검법과 관련해서는 과도한 정치 공세라고 한 것이다.

홍 시장은 자신의 페이스북에

"채 상병의 순직은 가슴 아프고 유족들의 슬픔은

국민 누구나 공감하지만 그걸 대통령까지 끌고 들어가

탄핵 운운하는 특검 시도는 과도한 정치 공세로 보인다.

그걸 또 국민감정에 편승하여 재의표결 시 찬성 운운하는

우리 당 일부 의원들도 참 한심하다"라고 비판했다.

차기 대권을 향한 정치적 베팅일 수 있고

정치인으로서의 소신일 수도 있다.

그러나 총선에서 나타난 민의를 무시하는 태도는

정치인의 바람직한 자세가 아닌 것이 분명하다.

2024. 5. 28.

채 상병 수사 외압 의혹 사건의 증거들이 나오면서
곤경에 빠져 있는 윤석열 대통령이
느닷없이 포항 영일만의 석유 매장 가능성을 거론해
산유국의 희망을 담은 뉴스 보도가 쏟아지고 있다.
윤 대통령이 심해 석유가스전에 대한
탐사시추 계획을 브리핑한 이후
온라인에선 천공의 과거 강의 영상이 확산되고 있다.
지난 1월 촬영된 이 영상에서 천공은
"우리도 산유국이 될 수 있다"라며
"엄청난 값으로 쓸 수 있는 것들이 파면 다 나온다.
이 나라 저 밑에 가스고 석유고 많다.
예전에는 그걸 손댈 수 있는 기술이 없었지만
지금은 그런 게 다 있다. 대한민국 밑은 아주 보물덩어리다.
대한민국, 이 한반도에는 인류의 최고 보물이 여기 다
있는 거다. 그러니까 앞으로는 쪼만한 걸 생각할 필요가 없다.
이런 귀한 것을 만지면서 국가가 일어선다"라고 강조했다.

2024. 6. 4.

2024. 6. 6.

2024. 6. 10.

대통령 부부 순방 출국일에 국민권익위원회가
김건희 여사의 명품가방 수수 의혹 사건을
종결 처리한다는 발표를 했다.
사건 신고를 접수하고 반년 동안 질질 끌다가
청탁금지법상 공직자의 배우자를 제재할 규정이 없다는
이유를 내세워 면죄부를 준 것이다.
참여연대는 입장문을 내고
"부패 방지 주무 기관으로서 존재 이유를 부정하고
대통령 부부에게 면죄부를 준 권익위를 강력 규탄한다.
배우자의 제재 조항이 없다는 이유만으로
윤 대통령의 법 위반 여부는 덮어버린 것"이라고 주장했다.
순방길에 받은 권익위의 선물이 귀국길에
어떤 후폭풍을 몰고 올지 대통령 부부는 모르는 표정이다.

2024. 6. 11.

이재명 더불어민주당 대표가 언론을 애완견이라고
발언한 것에 대한 언론계의 성토가 이어지고 있다.
한국기자협회 등 언론단체는
"야당 대표와 국회의원이 언론인에 대한
과도한 비하 발언으로 언론을 폄훼하고 조롱하며
언론의 자유를 억압하려는 시도에 우려가 커지고 있다.
윤석열 정부의 언론 탄압을 비판하며 언론 자유를
누구보다도 지지한다고 강조해온 더불어민주당에서 드러낸
저급한 언론관이자 막말이기에 더욱
실망감을 감출 수 없다"라고 성명을 냈다.
한편 한국언론진흥재단은 내년 언론인 해외연수를
160여 명 규모로 확대한다고 밝혔는데,
이는 얼마 전 윤석열 대통령이
기자들을 초청해 계란말이를 대접하면서
언론재단 선발 인원을 세 자리로 만들어주겠다고 약속한 것을
속전속결로 실행한 것이다.
언론에 대한 정치인의 공격적 발언에 분노하는 언론들이라면
그들을 애완견으로 대하는 행동에 대해 더욱 분노하고
언론 길들이기로 이용되는 정책들을 거부하는 집단행동을
할 만도 하지만, 아직 그런 생각은 개꿈일 뿐이다.

2024. 6. 18.

김건희 여사의 명품백 수수 사건을 "위반 사항이 없다"라며
종결 처리한 권익위의 게시판이 뜨겁게 달아오르는 중이다.
권익위의 결정을 조롱하는 글들이 쇄도하고 있는 것인데,
"대통령 부인께 300만 원 상당의 우리 전통 엿을
선물 드려도 문제가 되지 않을지 문의드린다"라는
어느 시민의 글에 대해 권익위가 "청탁금지법은
공직자 등의 직무와 관련이 없는 경우에는 공직자 등
배우자의 금품 등 수수를 제한하지 않는다"라는
취지의 답변을 해 논란이 되고 있다.
김 여사를 호위하기 위해 저지른 일이
날이 갈수록 수습하기 힘든 방향으로 굴러가고 있다.

2024. 6. 21.

오세훈 서울시장이 광화문광장에
사업비 110억 원을 들여 100미터가 넘는
대형 태극기를 건립하겠다고 밝혀 논란이다.
국가 상징 조형물로 광화문광장을
국가 상징 공간으로 만들어 애국심을 높이고
국가에 대한 자긍심을 고취시킨다는 취지이지만,
국가주의를 조장하고 보수층 지지를 노린 행보라는
비판이 나온다. 한국의 노동자뿐 아니라
외국인 이주 노동자들까지 끊임없이 희생되는 곳에서
태극기를 대형으로 만들어 세운다고
국격이 올라가지는 않는 것이다.

2024. 6. 28.

윤석열 대통령 탄핵소추안을 발의해달라는
국회 국민동의청원 참여자가 80만 명을 넘어
100만을 향하고 있고, 접속자가 폭주해
서버를 증설하는 사태까지 벌어지고 있다.
이 와중에 정진석 대통령 비서실장은
김건희 여사의 가방 수수 의혹에 대해
"불법적인 녹취와 촬영을 한 저급하고 비열한 공작 사건"
이라고 비판하며 "채 상병 사건 본질은 국방부 장관의
정당한 이첩 보류 명령을 박정훈 수사단장이 어긴 항명 사건"
이라고 주장해 끓어오르는 민심에 부채질을 하고 있다.
민심을 읽지 않고 권력의 의중만 읽으려는 정치인은
불행한 결과를 초래할 뿐이다.

2024. 7. 2.

2024. 7. 1.

2024. 7. 8.

채 상병 사건을 수사 중인 경찰이 수사에 착수한 지 1년 만에
임성근 전 해병대 사단장에 대해 무혐의 결론을 내리고
불송치를 결정했다.
경찰은 사단장을 제외한 현장 지휘관 6명만
업무상과실치사 혐의로 송치했다.
같은 날 검찰은 뉴스타파 김용진 대표와 한상진 기자를
윤석열 대통령 명예훼손 혐의 등으로 불구속 기소했다.
대통령 명예훼손 혐의로 기자가 기소돼 재판에 서는 것은
매우 이례적인 사건이다.
지난 6월 검찰에 출석한 김 대표는
"주가조작, 명품백, 바로 떠오르는 사람이 대통령 영부인이다.
이 사람은 여기 언제 오나. 억울하게 돌아가신 채 해병의
진상조사를 한사코 가로막은 자가 있다.
그분이 여기 서야 하는 것 아닌가"라며 검찰을 비판한 바 있다.
대통령에게 오로지 기쁨만을 주기 위해 애쓰는
애완견들의 노력이 눈물겹다.

2024. 7. 9.

국민의힘 당대표 선거가 점입가경이다.

충남 천안에서 열린 국민의힘 당대표 후보
합동연설회에서는 당원 간 몸싸움까지 벌어지는 등
극한 대결이 펼쳐지는 중이다.

국민의힘의 이번 당대표 선거는
김건희-한동훈 간의 문자 대화 유출에서 알 수 있듯
한 전 위원장과 윤석열 대통령 간의 갈등에서 촉발된
파워게임의 성격을 띠고 있어
치열한 양상을 보이고 있는 것이다.

열심히 배신자를 공격 중인 원희룡 후보가
VIP의 기대에 부응할지 격노의 꾸지람을 받게 될지,
씁쓸한 관심을 모으고 있다.

2024. 7. 16.

권익위가 이재명 전 대표의 응급 의료 헬기 이송에 대한
조사에 착수했다는 소식이다.

천준호 의원은 권익위가 자신에게 조사를 통보해왔다고
밝히며 "김건희 여사 명품백 수수 의혹을 부실 종결 처리한
권익위가 묵혀왔던 헬기 특혜 논란을 갑자기 들고 나온 건
'국면 전환용 정치 행위'"라고 비판했다.

한편 KBS는 재난 주관 방송사임에도 불구하고
폭우 피해 보도를 제쳐두고 대통령실발 원전 수주 소식을
9시 뉴스의 첫 소식으로 방송해 비판을 받고 있다.
지상파·종합편성채널 중에서 폭우 뉴스를 메인 뉴스
첫 소식으로 다루지 않은 곳은 KBS가 유일하다.

국정 실패에 대해 총선 참패라는 심판을 받고
대통령 탄핵 청원이 140만을 넘기고 있지만
검찰 정권에 대한 주변 인물들의 충성심은
사그라지지 않는 모습이다.

2024. 7. 19.

2024. 7. 22.

2024. 7. 25.

김건희 여사의 도이치모터스 주가조작 사건과
명품가방 수수 사건과 관련해 검찰이 경호처 부속실로
출장을 와서 비공개로 조사를 진행하고
검찰총장 패싱 논란까지 일으키며
영부인에 대한 특혜 수사라는 비판을 받고 있다.
게다가 김건희 여사가 비공개 검찰 조사 중에
대국민 비공개 사과를 했다고 변호인이 밝혀
국민들의 분노가 더욱 커지는 중이다.
김 여사를 대리하는 변호사는
"아직까지 영부인이 국민들에게 어떠한 입장도
표명하신 적이 없었는데, 수사를 받기 전
조서에 기재되지는 않았지만 검사들에게
'이런 자리에서 뵙게 돼서 송구스럽다.
심려를 끼쳐드려 국민들에게 죄송하다'고 말씀드리고
성실히 조사에 임했다"라고 전했다.
무서울 것 없는 무소불위의 검찰 권력이
국민들을 우롱하고 있다.

2024. 7. 26.

한동훈 국민의힘 대표는 당대표 출마 당시
채 상병 특검법과 관련, "당대표가 되면
진실 규명을 할 수 있는 특검법을 발의하겠다"라며
대법원장 등 제3자 추천안을 제시한 바 있다.
그러나 대표로 당선된 이후 한 대표는
"우리는 민주적인 정당이기 때문에
이재명의 더불어민주당처럼 한 명이 좌지우지할 수 있는
정당이 아니다"라는 등 특검법 발의에
소극적인 태도를 보이고 있다.
윤석열 정부의 실정에 대한 분노 여론을 감안해
현 정권과 차별화하려고 하지만
결국 같은 검찰 정권의 일부임을 숨기지 못해
오락가락하는 모습을 보이는 중이다.

2024. 7. 30.

윤석열 대통령이 김문수 경제사회노동위원장을
고용노동부 장관 내정자로 지명했다.
김 내정자는 노동운동가 출신이지만
극우적 반노동 인사로 평가되는 인물로,
2022년 하이트진로 화물 노동자 파업 당시엔
"불법파업에 손배 폭탄이 특효약",
"민사소송을 오래 끌수록 (노동자) 가정이 파탄 나게 된다"
등의 언행으로 파문을 일으키기도 했다.
반노동 친재벌의 윤석열차는
멈출 줄 모르고 달리는 중이다.

2024. 8. 2.

검찰이 야권 인사들과 언론인들을
대규모로 통신 조회한 사실이 드러나 파문이 일고 있다.
대선 개입 여론 조작 사건을 수사하는 과정에서
통화 내역을 확인한 것으로,
더불어민주당 이재명 전 대표와 추미애 의원 등을 비롯해
현 정부에 비판적인 언론인들이 대거 사찰 대상이 됐다.
검찰은 정권의 호위무사가 되어
정권이 원하는 과녁을 향해 칼날을 겨누고 있다.

2024. 8. 6.

그동안 애국지사의 후손 또는

독립운동사 연구자가 맡았던 독립기념관장에

독립운동과는 아무런 관련이 없는 인물이 임명됐다.

더구나 신임 김형석 독립기념관장은

이승만을 건국의 아버지라 찬양하며

대한민국 임시정부와 독립운동을 부인하는

뉴라이트 성향의 인물로 알려져 시민들의 비난이 거세다.

도처에서 벌어지고 있는 독재자 미화 작업과

독립운동사에 대한 홀대는 역사를 왜곡하고

민족 자긍심에 상처 입히는 것으로 그치지 않는다.

일제 강점기와 독재정권에서 이뤄진

강압적 통치에 대한 정당성을 강화함으로써

지금의 지배 계층이 민주주의를 훼손하고

일방적인 통치 방식으로

기득권을 수월하게 유지해나갈 수 있는 것이다.

2024. 8. 13.

조선인은 몽둥이로 맞아야 발전한다

2024. 8. 8.

2024. 8. 15.

뉴라이트 인사의 독립기념관장 임명 파문으로
광복절 경축식이 파행을 겪은 가운데
윤 대통령의 광복절 경축사에
대일 관계나 역사 문제가 들어 있지 않아 일본 언론들이
이례적이라고 보도하는 사태까지 벌어지고 있다.
『마이니치신문』은 "대통령 광복절 연설에선
과거사 문제 등을 둘러싼 대일 비판을 담은 사례가 많았다.
하지만 대일 관계를 중시하는 윤 대통령은
지난해에 이어 올해도 일본에 대한 비판은 없었다"라며
이례적인 상황이라고 전했다.
게다가 윤 대통령은 경축사에서
"사이비 지식인과 선동가들은 우리의 앞길을 가로막는
반자유 세력, 반통일 세력", "지식산업의 성장을 악용하는
검은 선동 세력에 맞서 자유의 가치 체계를 지켜내려면,
우리 국민들이 진실의 힘으로 무장하여 맞서 싸워야 한다"
라는 등 윤 정부의 독선적 정국 운영에 대한 비판 여론을
반자유, 반통일 세력으로 규정해 매도하는 발언까지
서슴지 않았다.
국민의 뜻을 무시한 채 권력자의 입맛에 맞는
자유를 추구하는 것은 곧 독재를 추구하는 것이다.

2024. 8. 16.

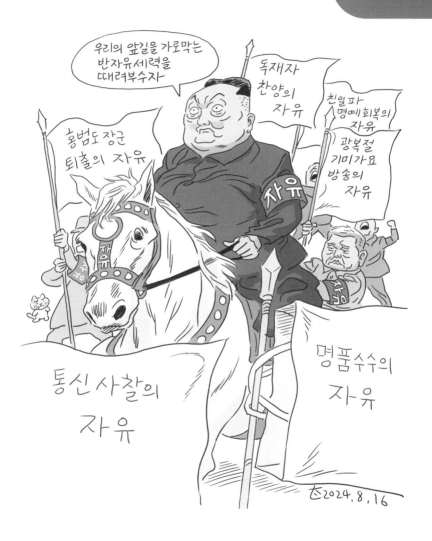

지난 광복절 경축사를 통해
반자유 세력과 맞서 싸울 것을 주문했던 윤 대통령이
이번엔 반국가 세력과의 전쟁을 강조했다.
을지연습 첫날 윤 대통령은 국무회의에서
우리 사회 내부에는 자유민주주의 체제를 위협하는
반국가 세력들이 곳곳에서 암약하고 있다면서
"북한은 개전 초기부터 이들을 동원하여, 폭력과 여론몰이,
그리고 선전, 선동으로 국민적 혼란을 가중하고
국론 분열을 꾀할 것"이라며 "혼란과 분열을 차단하고,
전 국민의 항전 의지를 높일 수 있는 방안을
적극 강구해야 한다"라고 발언했다.
사회 전반의 공정을 해치고 언론을 망치며
해병대의 사기를 저하시키는 등
국가를 위기로 이끄는 장본인이 누군지
잘 생각해봐야 할 것이다.

2024. 8. 20.

2024. 8. 19.

2024. 8. 22.

22대 국회의 임기가 시작된 지 95일 만에
국회 개원식이 열렸으나
윤석열 대통령은 국회 개원식에 불참했다.
현직 대통령의 개원식 불참은
1987년 민주화 이후 처음이다.
대통령실은 특검과 탄핵을 남발하는
국회를 정상화하는 게 먼저라며
불참의 원인을 야당에 돌리고 있다.
여소야대라는 총선 민의를 부정하고
야당과의 협치를 거부하며 오로지 검찰 권력에 기대어
독단적 정치를 이어가고 있다.

2024. 9. 3.

2024. 9. 9.

2024. 9. 12.

명품백 수뢰 사건 등으로 악화된 여론을 피해
은둔해오던 김건희 여사가
검찰의 황제 수사와 무혐의 결론 이후
대외 활동을 본격화하고 있다.
김 여사는 서울시 119특수구조단 뚝섬수난구조대,
한강경찰대 망원치안센터, 용강지구대를 찾아
간식을 전달하고 구조 현장을 살피며
"현장에 미흡한 점이 많다", "한강대교의 사례처럼
구조물 설치 등 추가적인 개선이 필요할 것 같다"라는 등의
지시를 내리기도 했다.
그리고 윤석열 대통령이 김 여사 없이
대통령실 직원들과 합창했던 지난 설과는 달리
이번 추석에 공개될 대국민 인사 영상에는
김 여사가 함께 출연한다.
김 여사가 추석 밥상을 뜨거운 안줏거리로 채울 태세다.

2024. 9. 13.

더불어민주당이 발의한
'김건희 여사 특검법', '채 상병 특검법'과 '지역화폐법'이
국회 본회의에서 야당 주도로 통과됐다.
이에 대해 윤석열 대통령은
또 거부권 행사를 할 것으로 보인다.
소통을 거부하는 윤 대통령의 자세와 이어지는 실정으로
여당은 지난 총선에서 참패를 맛봤고,
명품가방 수수 등 김건희 여사의 각종 의혹에 대한
무리한 비호와 반성 없는 태도에 분노한 여론은
윤 대통령의 지지율을 바닥으로 끌어내리고 있는 중이다.
남은 임기를 제대로 채울 수 있을지
한숨 쉬는 국민을 뒤로하고
윤 대통령과 김 여사는 또다시 해외 순방길에 올랐다.

2024. 9. 20.

거부권

지지율
20%

보호권

김여사

해외순방

춘 2024. 9. 20

이태원 참사와 관련해 업무상과실치사상 등의 혐의를 받은
박희영 서울 용산구청장이 법원으로부터 무죄를 선고받았다.
최원준 전 용산구 안전재난과장과 유승재 전 용산구 부구청장,
문인환 전 용산구 안전건설교통국장도
전원 무죄 판결을 받았다.
이태원 참사 유가족들은 159명이 희생당한 사건에 대한
책임자들이 면죄부를 받은 것을 용납할 수 없다는 입장이다.
참사 이후 끊임없이 "국가는 어디 있느냐"라고 외쳐도
국가는 대답이 없다.

2024. 10. 1.

김건희 여사의 공천 개입 의혹 관련자인
명태균 씨의 녹취록 보도가 정치권에 태풍을 일으키는 중이다.
검찰은 공직선거법 시효 만료까지 불과 열흘을 남긴 시점에서
김영선 전 국민의힘 의원과 명태균 씨의 자택,
명 씨가 운영하는 미래한국연구소 등을 압수수색했다.
그러나 검찰은 압수한 명 씨의 휴대전화를
당일 바로 돌려주는 이례적인 행동을 했는데,
명태균 씨가 윤석열 대통령 부부와의 관계를 과시하며
김 여사와 주고받은 텔레그램 메시지를
다수 보유하고 있다고 주장한 것이
영향을 끼친 것이 아닌가 하는 의혹을 불러일으킨다.
바닥을 기는 지지율로
임기 중반을 지나는 윤석열 정권의 가을,
여기저기서 권력 누수의 소리가 들리고 있다.

2024. 10. 4.

김건희 여사와 관련된 문제가 그칠 줄을 모르고 터져 나온다.
주가조작, 명품백 수수 무혐의 처분 사건,
공천 개입 사건에 이어 이번엔 무관중 공연 황제 관람 논란에
휩싸이고 있는 것이다.
JTBC는 8,600만 원 예산이 투입된
KTV 국악 공연에 별도의 청중이 없이
김건희 여사가 공연을 관람했다고 보도했다.
행사 전에 이미 대통령 내외가 관람하는 VIP 행사라고
전달받았고, 김 여사만 왔다는 것이다.
문화체육관광부는 이러한 보도에 대해
"KTV의 방송 프로그램 녹화 현장에
영부인이 단순 방문한 사실을 마치 KTV가
거액의 예산을 들여 영부인을 위한 공연을 기획한 것처럼
시청자가 오해할 수 있는 보도를 함으로써
KTV 및 문화체육관광부의 명예를 심각히 훼손했다"라고
주장했다.
VIP를 위해 다양한 무관중 공연이
도처에서 펼쳐지는 중이다.

2024. 10. 8.

2024. 9. 30.

2024. 10. 10.

명태균이라는 선거 브로커가
정치권에 일으킨 지진의 충격파가 가라앉을 줄 모른다.
명 씨가 연일 윤석열 정권 및 정치권과 관련된 폭탄 발언을
이어가고 있는 가운데 국민의힘 김영선 전 의원의
보좌관이자 회계 책임자였던 강혜경 씨는
국회 국정감사에서 명 씨로부터 여론조사 데이터를
조작하라는 지시를 받았다고 증언했다.
그는 여론조사 자료를 보고받은 윤석열 대선 후보가
흡족해하더라는 말을 명 씨가 했다고 주장했다.
정치 경험이 전무한 검찰 출신의 인사가 대선 후보로 급부상해
대통령이 되기까지 많은 조력자가 있었다.
그들은 지금 과거와 다른 모습으로 용산을 압박 중이다.

2024. 10. 22.

어느 교수가 윤석열 대통령의 훈장을 거부해 주목을 받고 있다.
인천대에서 32년간 재직하고 퇴임하는 김철홍 교수는
퇴임식에서 수여되는 대통령 훈·포장을 받지 않겠다는
'정부포상 미신청자 확인서'를 학교에 제출했다.
김 교수는 '이 훈장 자네나 가지게'라는 글을 공개하며
"정상적으로 나라를 대표할 가치와 자격이 없는
대통령에게 받고 싶지 않다. 훈장이나 포상을 받는 사람도
자격이 있어야 하지만, 그 상을 수여하는 사람도
충분한 자격이 있어야 한다"라고 비판했다.
윤 대통령이 "나라와 국민을 위해
좌고우면하지 않고 돌을 던져도 맞고 가겠다"라고 하자마자
돌직구가 날아들고 있다.

2024. 10. 29.

윤석열 대통령의 공천 개입 정황이 담긴 육성이 공개돼
파문이 일고 있다.
윤 대통령이 브로커 명태균 씨에게
"공관위에서 나한테 들고 왔길래 내가
'김영선이 경선 때부터 열심히 뛰었으니까
그거는 김영선이를 좀 해줘라' 그랬는데 말이 많네, 당에서…"
라고 말한 것이다.
또 다른 명 씨의 대화 녹음 파일엔
"윤석열이 장님 무사인데, 윤석열이를 내가 처음 만났으면
윤석열이 나를 못 알아봤고, 김건희가 나를 만났기 때문에,
김건희 때문에 윤석열이가 그렇게 된 거예요.
김건희가 사람 볼 줄 아는 눈이 있는 거"라는 내용이
담겨 있는데, 김 여사가 자신을 알아본 덕분에
윤 대통령이 당선됐다는 의미로 읽는다.
명 씨의 녹취록 상자가 열릴 때마다
윤석열 정권이 뿌리부터 흔들리고 있다.

2024. 11. 1.

김건희 여사 공천 개입 의혹 등으로
탄핵과 하야 요구를 받으며 코너에 몰린 윤석열 대통령이
결국 대국민 담화를 발표하고 기자회견을 진행했다.
윤 대통령은 취임 이후 처음으로 고개를 숙여
국민들에게 사과의 뜻을 밝혔으나 담화의 내용에서는
기존의 입장에서 한 발도 물러나지 않은 자세를 보여줬다.
명태균 정치 브로커와 관련된 의혹에 대해선
부적절한 일을 한 것이 없다고 항변했고,
김건희 여사 특검법은 정치 선동이고 인권유린이라며
반대 입장을 재확인했으며,
정치권이 아내를 악마화했다며 불만도 드러낸 것이다.
국민을 무서워하지 않는 검찰 정권의 모습을
재확인하는 시간이었다.

2024. 11. 8.

2024. 11. 11.

2024. 11. 18.

2022년 지방선거를 앞두고 컷오프됐던 김진태 강원지사를
명태균 씨가 구제했다는 내용의 통화 녹음이 공개됐다.
명 씨는 미래한국연구소 직원 강혜경 씨와의 통화에서
"아이고, 김진태는, 그거, 내가 살린 거야.
김진태 아는 분이 내 얘기를 하니까 벌떡 일어나
'그분이 내 생명의 은인이라고' 손을 잡고 막 흔들더래"
라고 말했다.
통화 녹음엔 김 지사 공천에 명 씨가 김건희 여사를 통해
영향력을 행사했다는 뜻으로 보이는 내용도 있었다.
용산정권의 민낯이 드러나는 스토리가
선거 브로커를 통해 끊임없이 상영되는 중이다.

2024. 11. 22.

윤석열 대통령이 태릉체력단련장에서
골프를 친 사실이 드러나자 대통령실은 윤 대통령이
골프광인 트럼프와의 외교를 위해
8년 만에 골프채를 잡았다고 해명했다.
그러나 윤 대통령은 트럼프 당선 이전부터 골프를 쳤고,
북한의 미사일 도발 당일이나 부천 호텔 화재 사고
추모 기간에도 골프를 친 것으로 드러나 지탄을 받고 있다.
윤 대통령의 골프 라운딩 현장을 취재하던 기자는
대통령경호처 직원들에 의해 휴대전화를 빼앗기고,
건조물 침입 혐의로 경찰 조사를 받기까지 했다.
정권 출범 직후부터 날리면 사태 등
거짓말로 국민을 우롱하는 행위가 지속되면서
분노의 촛불이 커져가는 중이다.

2024. 11. 26.

3장

———

계엄령

2024년 12월 3일 밤 11시, 윤석열 대통령이
대한민국 전역에 비상계엄을 선포했다.
윤석열 대통령은 종북과 반국가 세력을 일거에 척결하겠다며
비상계엄을 선포하고, 계엄군을 동원해 국회의사당을
무력으로 점거하려 했으나 국회의 비상계엄 해제 요구 결의안
가결 처리에 따라 계엄은 법적 효력을 상실했고, 해제됐다.
1980년 전두환 신군부의 비상계엄 전국 확대 조치 이후
44년 만에 선포된 비상계엄으로 전 세계가 충격을 받고 있다.
대통령이 군사력을 동원해서 입법부 무력화를 시도한 것은
헌법을 무시한 군사 반란이자 내란 행위다.
윤석열 정권이 들어선 이후 이승만 독재를 미화하고
박정희를 우상화하는 작업이 더욱 활기를 얻고
친일파에 대한 우호적 역사관이 도처에서 튀어나왔다.
이러한 퇴행적 움직임 끝에 12·3 반란 사건은
2024년 대한민국에서 기어이 터지고야 만 것이다.

2024. 12. 6.

윤석열 대통령의 비상계엄 선포 사태 이후,
내란범을 탄핵하고 처벌해야 한다는 요구가 빗발친다.
그러나 대통령에 대한 국회 탄핵소추안 의결은
국민의힘의 보이콧으로 무산되고,
시민들의 분노는 더욱 거세지고 있다.
권력 연장을 위해 윤석열의 내란 공범이 되기를 자처한
국민의힘은 해산해야 한다는
시민들의 촉구가 이어지고 있으며,
탄핵을 거부한 의원들의 명단이 SNS에서 공유되는 중이다.
한동훈 국민의힘 대표는 탄핵이 아닌
'질서 있는 대통령 조기 퇴진'을 주장하고 있지만,
작금의 무질서하고 위태로운 시국의 안정을 위해선
빠른 탄핵이 이뤄져야 한다는 여론이 압도적이다.
나라의 안정보다 자신들의 권력을 지키려는 자들의
끈질긴 저항이 시작되고 있다.

2024. 12. 10.

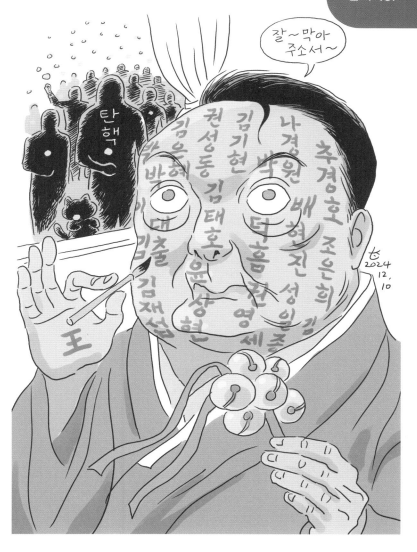

2024. 12. 5.

2024. 12. 12.

비상계엄 내란 사태 이후 칩거 중인 윤석열 대통령이
돌연 또 담화를 발표해
분노하고 있는 국민들에게 기름을 부었다.
그는 비상계엄 선포가 대한민국의 자유민주주의와
헌정 질서를 지키려 했던 것이고,
대통령의 헌법적 결단이자 통치행위라고 주장했다.
또한 자신을 탄핵하거나 수사를 하는 것에 대해
마지막 순간까지 싸우겠다고 밝혀 적반하장의 모습을 보였는데,
전 세계로부터 비난받고 있는 내란 행위에 대해
일말의 반성 없이 거짓말을 늘어놓으며
정면 돌파를 선언한 것이다.
국민의힘 새 원내대표로 선출된 친윤계 권성동 의원은
"당론은 여전히 대통령 탄핵을 부결시켜야 한다는 것"
이라고 밝혀 윤 대통령의 비상식적 담화의 내용을
부정하지 않는 모습을 보이고 있다.
민주주의를 위기의 수렁으로 밀어넣은 내란 수괴와
그를 옹호하는 집단들의 목소리가 당당한 것은
아직도 그들이 낡은 과거 속에 머물러 있기 때문일 것이다.

2024. 12. 13.

여의도를 가득 채운 응원봉의 물결 속에서
윤석열 대통령에 대한 탄핵소추안이 가결되고
대통령의 직무가 정지됐다.
이제 임기를 절반 채운 윤 대통령에겐
불법 계엄 선포에 대한 준엄한 심판과
대통령 자리에서의 퇴출이 남아 있을 뿐이다.
윤석열 정권은 이미 독선적 국정 운영과 김건희 여사의 문제로
국민적 저항이 확산되면서 조기 레임덕을 맞이하고 있었다.
친윤 성향의 언론들도 계엄 사태를 맞아
비판적 논조로 돌아서기 시작하며
대통령에 대한 미련을 거둔 모양새다.
하지만 시민들은 그 언론들이 대선 당시
어떤 역할을 했는지 기억하고 있다.

2024. 12. 17.

2024. 12. 16.

2024. 12. 19.

12·3 내란 사태 이후 탄핵안 가결로 직무 정지 중인
윤석열 대통령은 헌법재판소의 탄핵심판 서류를
수취 거부하며 시간 끌기 작전을 벌이고 있다.
국무총리실은 내란 특검법과 김건희 특검법에 대한
거부권 행사 여부를 12월 31일까지 검토하겠다며
뭉그적대는 중이다. 국민의힘 권성동 원내대표는
탄핵소추안이 헌재에서 기각될 경우
그 탄핵안을 발의, 찬성 표결한 국회의원을
직권남용으로 처벌해야 한다고 주장했다.
내란 혐의에서 자유롭지 못한 한덕수 총리,
내란 수괴에 대한 탄핵에 반대하고 있는 국민의힘이
독재정권의 망령에게 기운을 불어넣어주고 있다.

2024. 12. 20.

롯데리아 계엄 모의를 주도한
노상원 전 정보사령관의 수첩에서
북한 공격 유도 관련 내용이 드러나 파문이 일고 있다.
경찰은 'NLL 북 유도 공격', '국회 봉쇄',
'정치인·언론인·종교인·노조·판사·공무원 등을 수거' 등이
노 전 사령관의 수첩에 적혀 있었다고 밝혔다.
지난 10월 북한 평양 상공에 침투한 무인기가
북한의 보복을 유도하기 위해 우리 군이 보낸 것이라는
의혹을 비롯하여 북풍 공작설은 꾸준히 제기돼왔다.
김용현 전 국방부 장관이 북한의 오물풍선 살포 장소를
원점 타격하라고 지시했다는 의혹도 불거졌으며,
정보사가 지난 7월 북파공작부대용으로
북한 인민군복 60벌을 사들인 사실도 밝혀졌다.
자신의 정치생명을 김정은에 의존하는 세력들이
입만 열면 반국가 세력 타도를 부르짖는다.

2024. 12. 24.

윤석열 대통령이 탄핵심판 서류 수취를 거부하며
시간을 끌고 있는 가운데 한덕수 대통령 권한대행은
국회가 선출한 헌법재판관 후보자 3명의 임명을 거부했다.
국민의힘은 권한쟁의심판을 비롯한 모든 수단을 총동원해
재판관 임명 저지에 나설 작정이다.
불법 계엄으로 내란을 일으킨 우두머리를 비호하는 자들은
내란 공범이라 하지 않을 수 없다.
쿠데타와 독재를 숭배하는 집단의 맨얼굴이 드러나고 있다.

2024. 12. 27.

비상계엄 내란 사건의 구체적 정황들이 드러나고 있어
국민들에게 충격을 더욱 크게 안겨주고 있다.
국회와 중앙선거관리위원회 대상 체포조 운영 의혹과 관련해
검찰이 공개한 증거들에 의하면, 최우선 체포 대상으로
이재명 대표와 우원식 의장, 한동훈 전 대표가 지목됐고,
선관위 직원들은 포승줄을 묶고 복면을 씌워 체포하고
구금 시설로 이송하라는 지시가 있었다.
또한 국회의원들에게 총을 쏴서라도 문을 부수고 들어가서
끌어내라고 윤석열 대통령이 지시한 것으로 드러났다.
민주주의를 해치려는 세력들에게
더 이상 나라의 주도권을 맡길 수 없다는 시민들의 외침은
새해에 더욱 커질 것이다.

2024. 12. 31.

12·3 내란으로 직무 정지 중인 윤석열 대통령이
공수처의 체포영장 집행을 앞두고 지지자들에게
자필 편지를 공개하는 등 마지막 몸부림을 치고 있다.
"나라 안팎의 주권 침탈 세력과 반국가 세력의 준동으로
지금 대한민국이 위험하다. 저는 여러분과 함께
이 나라를 지키기 위해 끝까지 싸울 것"이라는
선동적 메시지를 보낸 것이다.
게다가 윤 대통령의 변호인인 윤갑근 변호사는
"경찰기동대가 공수처를 대신해 집행에 나선다면
현행범으로 경호처는 물론 시민 누구에게나 체포될 수 있다"
라고 으름장을 놓았다.
군사 반란을 범한 것으로 부족해 지지자들을 선동해
전쟁을 일으켜서라도 자신을 지키겠다는 한 사람 때문에
국격은 추락하고 사회불안은 심화되는 중이다.

2025. 1. 3.

2025. 1. 6.

2025. 1. 13.

체포를 앞둔 내란 우두머리의 저항이 갈수록 점입가경이다.
윤석열 대통령의 변호인단은 "지금의 혼란이 극복되면
대통령의 계엄이 성공한 것"이라고 말하는가 하면,
윤 대통령을 체포하려고 시도하는 현 상황이 잘못되면
내전으로까지 갈 수 있다고 경고하기도 했다.
게다가 김민전 국민의힘 의원은
'백골단'이라 불리며 윤 대통령 체포 반대 집회를 벌였던
'반공청년단'의 국회 기자회견을 주선하기도 했다.
자신의 정치적 생존과 욕망을 위해
어두운 과거사의 망령을 불러내고 있다.

2025. 1. 10.

윤석열 대통령 체포영장 재집행을 앞두고
'석열산성'의 철통방어가 흔들리는 조짐을 보이고 있다.
경호처 내부망에 '체포영장 집행 방해는 공무 집행 방해'라는
취지의 글이 삭제됐다가 다시 복구되는 일이 벌어지고,
경호처 내부 회의에서 강경파인 김성훈 차장과
이광우 본부장의 사퇴 요구가 분출했다는 이야기가 들린다.
경호처 직원을 인간 방패로 삼으며
충성을 강요하는 시대착오적이고 불법적 행위에
반발이 일어나는 것은 당연한 일이다.

2025. 1. 14.

관저에서 결사항전을 외치며 체포에 저항하던
내란 우두머리 윤석열 대통령이 결국 구치소에 수감됐다.
헌정 사상 최초로 현직 대통령이 체포, 수감된 것이다.
한국의 역대 대통령 중 많은 이들이
법의 심판을 받고 감옥 생활을 하게 됐는데,
공교롭게도 모두 족벌 언론이 힘을 실어준 정치인들이다.
대통령들이 불행한 결말을 맞게 된 것이
청와대 터가 좋지 않아서라는 주장도 있었으나
용산으로 집무실을 이전한 윤 대통령의 체포로
근거 없는 주장이 되고 말았다.
반복되는 불행의 원인을 찾고
고통의 사슬을 끊어내야 할 때다.

2025. 1. 17.

경찰 비상계엄 특별수사단이 김성훈 대통령경호처 차장의
구속영장을 신청했으나 검찰이 반려했다.
김 차장은 관저에서 농성 중인 윤석열 대통령의
총기 사용 검토 지시에 대해 알겠다는 답변까지 한 것으로
확인됐다.
내란범에 동조한 혐의가 명백함에도 검찰은
김 차장에 대한 구속영장을 반려한 것이다.
검찰을 비롯한 관료, 여당 정치인과 사이비 종교인들이
내란범을 감싸며 폭동을 부추기고 있다.

2025. 1. 21.

12·3 비상계엄 내란 사태 직후 폭등했던
더불어민주당 지지율이 내려가고 국민의힘의 지지율이
오르고 있다는 여론조사가 보도되고 있다.
또 대선 후보 지지율 여론조사에서
김문수 장관이 급부상하고 있어 정치권도 놀라는 중이다.
내란 사태 이후 일부 언론은 내란 주동자들의 주장을
무분별하게 받아쓰고 양비론을 펼쳐왔다.
군을 동원해 국회의 유리창을 깨고 민주주의를 말살하려 했던
내란 우두머리와 함께 사라져야 할 내란 동조당이
다시 일어서려 하고 있다.

2025. 1. 24.

내란 혐의 진상규명 국정조사
특별위원회(내란국조특위) 청문회에서
시종일관 증언을 거부했던 이상민 전 행정안전부 장관이
경찰 조사에서 12·3 비상계엄 선포에 대해
"상식적으로, 계엄군을 투입할 정도로
사회질서가 혼란스러워야 하는데, 그런 상황이 아니었다"
라고 진술했다.
이 전 장관은 또 국무위원들이 비상계엄을 반대했으며
윤석열 대통령을 만류했다고 진술한 것으로 알려졌다.
과거의 인연이야 어찌 됐든
각자도생의 길을 찾아 나서는 꼴들이
권력무상을 느끼게 한다.

2025. 1. 31.

내란 수괴 윤석열 대통령의 공소장에
특정 언론사의 단전·단수를 직접 지시했다는 혐의가 포함됐다.
비상계엄 당일 윤 대통령이 이상민 전 장관에게
MBC, JTBC,『경향신문』,『한겨레』, 여론조사꽃을 봉쇄하고
소방청을 통해 단전·단수를 하라는 내용이 기재된
문건을 보여줬다는 것이다.
6시간 만에 해제된 비상계엄이었지만
내란 우두머리와 그 동조자들이 계획한 범죄의 추악함은
끝도 없이 드러나는 중이다.

2025. 2. 4.

2025. 2. 5.

2025. 2. 6.

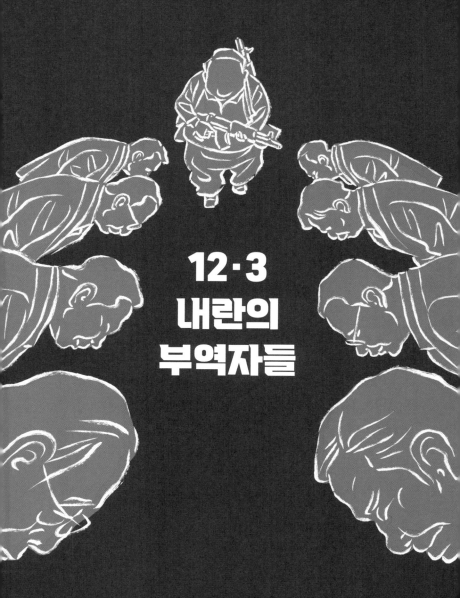

12·3
내란의
부역자들

1 2024년 12월 3일 계엄 국무회의 참석자

12월 3일, 비상계엄 선포 안건으로 열린 국무회의에는
대통령을 포함해 총 11명이 참석했다.
국무회의 회의록은 작성되지 않았고,
참석한 국무위원들의 방조에 힘입어 비상계엄은 선포되었다.

① 한덕수 국무총리   ② 김용현 전 국방부 장관
③ 이상민 전 행안부 장관   ④ 최상목 경제부총리 겸 기획재정부 장관
⑤ 조태열 외교부 장관   ⑥ 김영호 통일부 장관
⑦ 박성재 법무부 장관   ⑧ 송미령 농림축산식품부 장관
⑨ 조규홍 보건복지부 장관   ⑩ 오영주 중소벤처기업부 장관

2024년 12월 7일, 내란 수괴 윤석열 대통령 탄핵소추안이
국회 본회의에 상정됐지만 국민의힘 의원 105명이
본회의장을 빠져나가 표결에 불참하면서
정족수를 채우지 못해 자동 폐기됐다.
국회 앞에 수십만 명의 시민이 모여 '윤석열 탄핵'을 외쳤지만,
국민의힘은 부결을 당론으로 정하고
탄핵소추안을 무산시켰다.

강대식 강명구 강민국 강선영 강승규 고동진 곽규택 구자근
권성동 권영세 권영진 김건 김기웅 김기현 김대식 김도읍
김미애 김민전 김상훈 김석기 김선교 김성원 김소희 김승수
김용태 김위상 김은혜 김장겸 김재섭 김정재 김종양 김태호
김형동 김희정 나경원 박대출 박덕흠 박상웅 박성민 박성훈
박수민 박수영 박정하 박정훈 박준태 박충권 박형수 배준영
배현진 백종헌 서명옥 서범수 서일준 서지영 서천호 성일종
송석준 송언석 신동욱 신성범 안상훈 엄태영 우재준 유상범
유영하 유용원 윤상현 윤영석 윤재옥 윤한홍 이달희 이만희
이상휘 이성권 이양수 이인선 이종배 이종욱 이철규 이헌승
인요한 임이자 임종득 장동혁 정동만 정성국 정연욱 정점식
정희용 조경태 조배숙 조승환 조은희 조정훈
조지연 주진우 주호영 진종오 최보윤 최수진
최은석 최형두 추경호
한기호 한지아

251

3   2025년 1월 6일 내란 우두머리 체포영장 집행을 저지한 의원

윤석열 대통령 체포영장의 유효 기간이 만료되는
2025년 1월 6일, 국민의힘 의원 45명이
체포영장 집행 저지를 위해 서울 한남동 관저 앞에 집결했다.
이들은 도시락을 시켜 먹으며 자리를 지켰다.

강대식 강명구 강민국 강선영 강승규 구자근
권영진 김기현 김민전 김석기 김선교 김승수
김위상 김은혜 김장겸 김정재 김종양 나경원
박대출 박성민 박성훈 박준태 박충권 서일준
서천호 송언석 엄태영 유상범 윤상현 이달희
이만희 이상휘 이인선 이종욱 이철규 임이자
임종득 장동혁 정동만 정점식 조배숙 조은희
조지연 최수진 최은석

4 내란을 옹호하는 망언들

내일, 모레, 1년 후에 국민은 또 달라진다.
박근혜 대통령 탄핵에 앞장서서 반대했지만
그다음에 무소속 가도 다 찍어줬다.

비상계엄은 고도의 정치 행위.

윤상현 국민의힘 의원

가는 곳마다 중국인들이
탄핵소추에 찬성한다고 나서지를 않나,
한 번도 농사짓지 않은 트랙터가
대한민국 서울 시내를 돌아다니지 않나.
이것이 바로 탄핵의 본질이라는 것을
깨달았다.

김민전 국민의힘 의원

아무리 살인범 현행범이라 해도
법이 살아 있어야 되는 것이다.
직무만 정지되어 있지 현행 대통령에게
무리하고 불법적인 물리력을 행사하는 것은
대한민국 법치주의를 후퇴시키는 것.

나경원 국민의힘 의원

대통령의 권한 행사에 있어
위헌성이 있다고 하더라도 '그 권한 행사를
곧바로 폭동이라고 볼 수 없다'라는
해석도 할 여지가 있다.

조배숙 국민의힘 의원

내란죄는
국헌 문란의 목적이 있어야 하는데,
윤 대통령은 국가 정상화를 내걸었기 때문에
목적범인 내란죄는 되기 어렵다.

홍준표 대구시장

박근혜 때는
적폐 청산 프레임을 짜더니
이번에는 턱도 없는 내란죄 프레임으로
거짓 선동하고 있다.

내란죄라 단정하여
온갖 수단을 동원하여 선동하며
과격한 수단 방법을 통해 현직 대통령을
체포 구금 구속하는 작금의 사태는
계엄 선포가 헌법을 위반하였다고 하더라도
민주주의 절차를 악용한
국회 다수당 독재에 의한
현대판 좌파 혁명으로 보인다.

신상진 성남시장

박순찬의 장도리 카툰집

내란본색

박순찬 지음

초판 1쇄 발행일 2025년 2월 28일

발행인 | 한상준
편집 | 김민정·손지원·최정휴·김영범
디자인 | 김경희
마케팅 | 이상민·주영상
관리 | 양은진

발행처 | 비아북(ViaBook Publisher)
출판등록 | 제313-2007-218호(2007년 11월 2일)
주소 | 서울시 마포구 토정로 222 한국출판콘텐츠센터 211호
전화 | 02-334-6123 전자우편 | crm@viabook.kr
홈페이지 | viabook.kr

ⓒ 박순찬, 2025
ISBN 979-11-94348-18-4 03300